AF799997

Vivir con la escasez de agua

(edición en español)

David Zetland

Traducción de Rafael Seiz
con la asistencia de
Macarena Dagnino, Dolores Rey y Ignacio Urrutia

Prologo por
Carlos Mario Gomez

Aguanomics Press

Amsterdam ~ Mission Viejo

2015

Copyright © 2015 David Zetland. Todos los derechos reservados. Ninguna parte de este libro debe reproducirse sin el permiso del Autor a excepción de las citas de menos de 200 palabras con mención al mismo.

Diseño de portada por Nic Newton (www.nicnewton.com). Ilustraciones de Allison Choppick (www.allisonchoppick.carbonmade.com). Foto de portada por David Zetland. Foto del autor por Hugh Zetland.

Preparado para impression en Baskervald ADF con LaTeX el 14 de mayo de 2015.

Edición en español 1.1 (ISBN-13: 978-0692445624), traducido de la versión en inglés (ISBN-13: 978-0615932187) publicada en 2014.

cantidades, calidades y lugares que se requiera. Los problemas del agua no son sólo desafíos tecnológicos. Más allá de eso son retos sociales y económicos fundamentales.

El agua no es un bien como los demás. El agua es escasa, porque la naturaleza la produce en cantidades, lugares y momentos que no son necesariamente los que permiten a las personas y a sus actividades económicas sacar el mejor provecho de este recurso esencial. Pero, si sólo se tratara de eso, nos bastaría con la ingeniería y con movilizar los recursos necesarios para acometer las obras que se requieran para dominar la naturaleza y ponerla a nuestro servicio.

Desafortunadamente los asuntos del agua son más complejos. Más agua hoy para beber para regar o para refrigerar centrales eléctricas implica menos agua para el futuro. Más agua con mayor garantía de calidad para las ciudades implica menos agua y mayores restricciones para las actividades del campo. El agua tampoco es un recurso natural como los demás, a diferencia de por ejemplo el mineral de hierro, presta en la naturaleza importantes servicios para el bienestar de las personas. Preservar las fuentes de agua — y con ello: la pesca, el paisaje, la biodiversidad, la capacidad de los ríos para autorregularse, evitar riesgos para la salud, regular las inundaciones y protegernos de las posibles sequías, etc. — implica racionar el uso corriente del agua, imponer limitaciones al uso del suelo y recoger y tratar con cuidado las aguas residuales, con las consecuencias que pueda tener esto para la producción, el empleo y las oportunidades de desarrollo en cada lugar.

Las decisiones del agua no son decisiones sencillas. Tratándose del agua, un recurso escaso, sabemos que lo que es racional para una empresa de abastecimiento, un agricultor o una empresa eléctrica no es necesariamente lo mejor para los demás. El agua no es un bien como los demás. Cada decisión implica un dilema social con beneficiarios y perjudicados, con costes y beneficios hoy y en el futuro. Es imposible minimizar la importancia de las decisiones relativas al agua. Decidiendo sobre el agua, optamos entre los beneficios presentes y los riesgos futuros, entre la conservación y la transformación de las fuentes de agua, entre la calidad y la cantidad, entre las posibilidades de quienes acceden al agua en la cabecera y las oportunidades de los que reciben el agua en los valles, etc.

Ninguna de estas cuestiones tiene una solución obvia y, menos aún, puede dejarse completamente al arbitrio del mercado. Todas ellas exigen un esfuerzo colectivo y la garantía de éxito depende de la capacidad de la sociedad para resolver los conflictos que puedan surgir y, en especial, para llegar a un acuerdo sobre las transformaciones que se pueden permitir, la cantidad de agua que se puede utilizar, para qué y para quién, de modo que teniendo en cuenta todo ello consigamos entre todos acomodar la demanda y oferta de agua con la capacidad de la naturaleza para proveer tales servicios.

Vista la trascendencia de estas cuestiones lo que realmente sorprende es que no estemos todos más involucrados en los debates y en la solución de estos problemas. Más bien al contrario, las grandes soluciones se confeccionan en los despachos de la administración, de donde salen revestidos de un empaque de solvencia técnica, como si sólo hubiera una alternativa viable, y se presentan a los afectados junto con un catálogo beneficios inmediatos evidentes y con unos costes financieros por lo general asumibles.

Huelga decir que, salvo una reacción en contra de los afectados, las cuestiones realmente importantes de la gestión del agua no suelen aparecer en el debate público. Esos temas realmente importantes se refieren al dilema uso-conservación, la competencia de usos, la seguridad hídrica, los impactos sobre terceros, los riesgos asociados a una oferta futura incierta, el precio y la recuperación de costes, la rentabilidad de los usos del agua, etc. Tales efectos sólo se consideren ocasionalmente en el proceso de decisión, no pocas veces para hacer frente al rechazo social de los potenciales perjudicados que, con razón, desconfían de la administración. Peor aún, tales efectos sólo se descubren pasados los años cuando las consecuencias de las decisiones pasadas se ponen de manifiesto en forma de escasez de agua, prolongadas

aumenta la demanda, disminuye la oferta, o ambas a la vez.

La demanda de agua crece con la riqueza y la población. Más gente se dará más duchas, y los ricos consumirán más agua en sus duchas de hidromasaje.

La oferta de agua en el planeta es fija, pero las ofertas útiles no. Hemos reducido la oferta de agua agotando los acuíferos, contaminando el agua dulce y permitiendo fugas en redes de abastecimiento obsoletas. El agua eventualmente volverá al sistema, pero es posible que no podamos esperar tanto.

No siempre está claro si es el aumento de la demanda o la disminución de la oferta es la responsable de la escasez de agua. Una sequía que reduce el abastecimiento a una ciudad disminuye la oferta, pero, ¿podemos achacar la escasez a la sequía — o al hecho de que dicha ciudad se encuentra en medio de un desierto?

Podemos superar la escasez construyendo presas, plantas desalinizadoras o perforando pozos más profundos, pero estas soluciones del lado de la oferta son costosas. Las presas bloquean los ríos. Las desalinizadoras requieren grandes cantidades de energía. Pozos más profundos toman prestada agua de nuestros vecinos y de generaciones futuras. Más importante aún, una mayor oferta es inútil si es pronto superada por una mayor demanda.

Se ha permitido que la demanda de agua crezca durante siglos porque los beneficios de usar este recurso son enormes. Los mayores avances en la esperanza de vida para la humanidad llegaron cuando descubrimos cómo llevar agua limpia a nuestros hogares y cómo evacuar agua sucia. Hemos encontrado otras muchas maneras de disfrutar de los beneficios del agua y hemos incentivado a la gente a disfrutar de estos beneficios repartiéndola, gratis. Ahora, el agua es escasa.

Podemos reducir nuestra demanda de agua, pero tenemos que hacerlo considerando que el agua circula por nuestras vidas de forma compleja. No podemos confiar en que los precios y los mercados controlen la demanda por sí solos. Debemos además considerar e integrar los valores cul-

turales, sociales y ambientales que el agua aporta a nuestras vidas y comunidades. Estas razones deben aclarar por qué debemos gestionar el agua como producto con herramientas económicas, y el agua como *commodity* con mecanismos políticos. En el próximo capítulo profundizaré en el concepto del agua como producto y el agua como *commodity.* Por ahora, asumid que los usos del agua como producto no afectan a otros, mientras que el agua como *commodity* debe ser gestionada como un recurso compartido.

La economía política del agua

Las amas de casa han practicado la "economía del hogar" desde siempre, procurando obtener el mayor número de comidas con un presupuesto limitado de tiempo, dinero y otros recursos. Fuera del hogar utilizamos el mismo razonamiento económico. Elegimos un plato del menú de acuerdo a nuestro gusto y presupuesto. Cuando viajamos escogemos entre rápido y barato. Usamos ropa que tenga un equilibrio entre el estilo, confort y nuestra actividad. Los académicos llaman a este tipo de procesos de decisión "microeconómicos" porque pertenecen a los individuos. Los resultados "macroeconómicos" como la tasa de desempleo o los flujos comerciales reflejan la interacción y la agregación de decisiones microeconómicas individuales, pero en este libro las ignoraremos ya que la gestión del agua normalmente no afecta a las tasas de interés de los bancos. La economía que queremos discutir es la que describe las elecciones microeconómicas de gente como tú y como yo. A partir de

Parte I

Agua para mí *o* para ti

sed y muerte. Los precios ayudan a la gente a priorizar los usos que hace del agua. Algunos dejarán de regar sus jardines; otros se darán duchas más cortas para poder regar sus jardines. A escala industrial, precios más altos harán que las fábricas aumenten el reciclaje del agua, adopten de sistemas de riego más eficientes, etc.

Es fácil predecir que un mayor precio del agua disminuirá el uso total, pero es difícil predecir cómo afectará a los individuos. Algunos harán grandes cambios en su consumo; otros casi ninguno. No debemos centrarnos en las acciones individuales, sino en su impacto colectivo.

La oferta refleja los costes, a veces

La oferta de un bien depende de la tecnología de producción. La tecnología combina las materias primas, la maquinaria, el trabajo y el conocimiento, en un bien que tiene un coste. Una mejora tecnológica disminuirá los costes y por ende aumentará la oferta disponible a un determinado precio. Los zapateros tradicionales, por ejemplo, utilizaban tiempo y habilidades para moldear y transformar el cuero, el caucho, los clavos y costuras en zapatos relativamente caros. Ahora, han sido sustituidos por gente poco cualificada que maneja máquinas especializadas para fabricar zapatos estándar de materiales sintéticos al otro lado del mundo. La tecnología dicta el coste de ofertar diferentes cantidades de un bien, pero los precios son los que determinan la cantidad ofertada. Un mayor precio aumenta la cantidad ofertada ya que los productores reciben suficiente dinero para asumir el coste extra de mejorar su tecnología.

La oferta de agua funciona de la misma manera. El coste del abastecimiento depende del origen del agua, la calidad de la misma, la distancia hasta el consumidor, etc. Los costes disminuyen cuando el bombeo es más eficiente, pero aumentan cuando el agua en origen es de peor calidad. Dado un cierto nivel de tecnología, precios más altos permiten pagar un bombeo más profundo, horas extras de los trabajadores y otros medios para aumentar la oferta. ¿Podemos abrirnos camino a través de la escasez aumentando la oferta? Podemos gastar dinero en nuevos recursos, pero dicha oferta será desbordada por una demanda adicional si los consumidores no pagan el coste de suministrarla.

Esta salvedad puede parecer obvia, pero muchas empresas de agua recaudan 1,50$ por agua que les cuesta 2$ suministrar. Puede que establecen estos precios para cubrir costes históricos de 1,50$, o bien que establecen esta tarifa en base al promedio de los costes de diferentes fuentes. Prácticamente siempre omiten el valor de escasez de agua. Estas prácticas no son fiscalmente prudentes, pero están muy extendidas. Puede que se utilicen los costes históricos porque la empresa no está previendo fondos para la renovación de capital. Se usa el coste promedio porque la empresa de agua no quiere cobrar ingresos sobrantes para no "generar beneficios."

Como ejemplo, consideremos una empresa de agua que obtiene la mitad de su agua de una fuente cuyo coste es 1$ por unidad, y la otra mitad de una fuente cuyo coste es 2$ por unidad. La empresa puede intentar cobrar 1$ por una mitad de su agua y 2$ por la otra mitad, pero los consumidores se quejarán si no obtienen suficiente agua barata (el próximo capítulo cubre el sistema de tarifas por bloque). Un precio de 2$ por unidad generará "beneficios" y mayores quejas. Una solución intermedia es establecer un precio de 1,5$ para todas las unidades. Ningún negocio vendería agua de 2$ a 1,50$, pero una empresa monopolística lo puede hacer porque sus precios son normalmente tan bajos que puede vender toda su agua y cubrir esas pérdidas. El siguiente capítulo trata las muchas formas en las que esta suposición falla, pero empecemos con un ejemplo típico.

San Diego es una próspera ciudad en la árida costa de California, justo al norte de México. La mayor parte del abastecimiento de agua de San Diego proviene de acueductos construidos hace más de 50 años. El agua de dichos acueductos es vendida a un bajo precio, que refleja los costes de transporte en lugar del valor de escasez de agua. Estos precios tan bajos animan a la gente a consumir más, y la gente de San Diego disfruta su agua. El consumo medio diario por persona es de aproximadamente 600 litros (150 galones) — el doble del consumo de una persona en Sydney (Australia), y alrededor de cinco veces el consumo per cápita en Amsterdam (Holanda). Los gestores del agua en San Diego se preocupan por la falta de agua, pero no han aumentado su precio para disminuir la demanda. A cambio, buscan nuevas formas de aumentar la oferta.

Hace unos 20 años, ofrecieron a algunos agricultores comprarles su agua por el doble del precio de la oferta existente. Los consumidores no se enteraron de lo caraque era este agua pues los gestores promediaron los costes del agua antigua y la nueva. El agua barata dio lugar a que volviera a surgir la escasez, pero los gestores no aumentaron los precios. Decidieron, sin embargo, construir una planta desalinizadora de mil millones de dólares.

¿Resolverá esta planta dealinizadora los problemas de agua

de las empresas de propiedad privada son empleados del gobierno que interactúan con gestores del agua contratados por los accionistas. Ambos tipos de regulación pueden funcionar sin problemas o bien colapsar. Los reguladores municipales pueden utilizar su relación de trabajo cercana para ayudar a los gestores a servir a los consumidores, pero puede que su relación con ellos sea demasiado íntima como para evitar que se sirvan a sí mismos. Los reguladores de las empresas de propiedad privada pueden utilizar audiencias públicas o el benchmarking para impulsar el funcionamiento de estas empresas, pero también puede que promuevan políticas inapropiadas e ignoren comportamientos ilícitos.

Los reguladores quieren de las empresas un servicio seguro y fiable a precios razonables. Este objetivo significa que las empresas y los reguladores intentan buscar el equilibrio entre gastar demasiados recursos en servicios lujosos, que no benefician a los consumidores, o gastar tan poco que el servicio sea poco fiable e inseguro.

La regulación también establece un equilibrio entre los intereses de las empresas de servicios y las comunidades, en una especie de relación de "ni contigo, ni sin ti." La regulación reduce los riesgos para ambas partes intentando evitar resultados extremos.

La regulación protege a las empresas de servicios ayudándolas a recuperar sus costes. Éstas deben gastar mucho dinero en edificios, equipamiento y tuberías antes de si quiera poder vender una gota de agua a los consumidores. Devolver préstamos para hacer frente a estos costes fijos puede llevar más de 50 años, con lo que el regulador otorga a estas empresas un monopolio *legal* como únicos proveedores de agua potable en su área de servicio.

Las empresas de servicios también tienen costes variables por la energía, los productos químicos, parte de la mano de obra y otros gastos que dependen del agua producida. Sin embargo, estos costes variables son relativamente pequeños en comparación con los costes fijos. Una empresa de servicios públicos del agua tiene en promedio una relación entre costes fijos y costes variables de aproximadamente 80:20. Las empresas de electricidad, telecomunicaciones y otros servicios públicos típicamente tienen ratios más bajos de costes fijos frente a los variables, lo que significa que dependen menos del endeudamiento, son más flexibles a la hora de actualizar sus instalaciones, y más capaces de reducir sus costes y su capacidad en función de los cambios en la demanda de sus clientes.

La regulación protege a las comunidades limitando la capacidad de las empresas de transformar su carga de costes fijos en una amenaza. Digamos que una empresa gasta 80$ en construir una red de abastecimiento que cuesta 20$ operar. Dicha empresa podría cobrar a los consumidores 25$ por el servicio de agua para cubrir los costes de operación y pagar los costes fijos a una tasa de 5$ al año. Esta empresa también podría cobrar 40$ sin temor, ya que otra empresa tendría que gastarse 80$ en construir una red de abastecimiento antes de dar servicio por, digamos, 30$. Ninguna nueva empresa se va a gastar 80$ por la posibilidad de ganar 30$, pero la primera empresa no tendrá reparo en vender el agua a 30$, 25$ o 20$ porque ya tiene la red. Los reguladores limitan estos precios para proteger al consumidor del poder del monopolio *natural* de una empresa de abastecimiento de agua.

En teoría, el regulador permite a una empresa de servicios establecer sus precios en un punto óptimo donde el precio es suficientemente alto para recuperar costes y dar el servicio de forma segura, pero no tan alto como para perjudicar a los consumidores. En realidad, el regulador puede permitir (o exigir) a una empresa que establezca tarifas que subsidien a algunos consumidores o comportamientos. Esos subsidios distorsionan las decisiones, afectan el servicio y dañan a los consumidores.

Mis subsidios son mejores que los tuyos

...al menos, esto es lo que me dijo un viejo regulador. Un subsidio por un bien que me gusta me ayuda a consumir más o a pagar menos por él. Algunos subsidios son socialmente útiles. La educación, los servicios de salud o los sistemas de pensiones subsidiados ayudan a los individuos y a la sociedad. Más importante aún es que son justos, porque todo el mundo se puede beneficiar de ellos en algún momento de su vida. Los subsidios a grupos de interés no son ni justos ni eficientes. Un subsidio para la gente alta es injusto para todos los demás.

Los subsidios han existido en el sector del agua desde hace miles de años. Los emperadores romanos subsidiaron la construcción de acueductos, casas de baños y fuentes públicas para exhibir su poder y mejorar la salud pública. La era moderna de colectores sanitarios y servicios de agua potable comenzó cuando las enfermedades, los incendios y la suciedad amenazaron ciudades florecientes como París, Londres o Nueva York. Los servicios de agua subsidiados llevaron a estas ciudades hacia un camino próspero y sostenible.

La gente ahora entiende el valor del agua limpia y tiene más

agua barata en invierno y 90 unidades de agua barata en verano. Una familia más pobre en una casa más pequeña de Los Ángeles Este (código postal 90063, donde el hogar promedio de 4,2 personas comparte un ingreso de 39.000$) puede comprar tan sólo 28 y 36 unidades respectivamente, antes de tener que hacer frente a precios más altos. Estas asignaciones son iguales para familias de seis o menos miembros. Se mire por donde se mire, no es eficiente ni justo dar agua barata a playboys en mansiones.

Sistemas de precios simples — como los de la gasolina, el café, el vino o cualquier otro *commodity* vendido por unidades — son más fáciles de entender y usar por parte los consumidores.

Si el agua escasea, sube los precios. La gente utilizará menos agua, igual que usarían menos gasolina. ¿Los precios más altos amenazarán la salud y la seguridad? Sabemos — de acuerdo a estudios e intuición — que la gente recorta los usos no imprescindibles cuando el precio sube. Así es como sabemos que la gente tiene mucha agua en el Oeste de Estados Unidos; más de la mitad del agua de consumo residencial se utiliza en el riego de los jardines.

Los subsidios de los usuarios intensivos

El coste de servir a los clientes comerciales y residenciales puede variar sustancialmente. Es más barato servir agua a los apartamentos cerca de la planta potabilizadora que a una mansión en lo alto de una colina. Una planta embotelladora de agua usará más agua que un despacho de abogados. Costes diferentes deben traducirse en precios distintos, pero las tarifas son frecuentemente establecidas de formas extrañas. Los clientes comerciales pagan más para que los hogares paguen menos. Los restaurantes y las oficinas pagan más para que los gobiernos y las escuelas puedan pagar menos.

Los precios asimétricos distorsionan el comportamiento, transfieren la riqueza y sesgan la competencia. No favorecen en nada la gestión del agua o el servicio al cliente. Probablemente animan a los distintos grupos a buscar sus propios descuentos.

Los subsidios cruzados empeoran cuando las empresas ponen más peso en tarifas variables que la porción de costes variables pudiera sugerir. Una empresa de servicios típica tiene costes que son 80 % fijos e ingresos que son 80 % variables. Bajo condiciones normales, este esquema significa que aquellos que usan el agua de forma intensiva subvencionan a los que utilizan menos agua mediante el pago de una gran parte de los costes fijos totales, pero los ingresos que cubren dichos costes pueden variar significativamente si la gente usa más o menos agua. Estos subsidios cruzados desestabilizan las finanzas y las decisiones de gestión de las empresas.

Digamos, por ejemplo, que una empresa cobra una tarifa mensual de 20$ para hacer frente a sus costes fijos de 80$, y cobra 80$ para entregar 10 unidades de agua frente a unos costes variables de 20$. En este caso, los ingresos totales son iguales a los costes totales, pero ¿qué ocurre si empieza a llover y la demanda cae en 5 unidades porque la gente no necesita regar sus jardines? Los ingresos y los costes fijos siguen siendo de 20$ y 80$ respectivamente pero los ingresos y costes variables han disminuido en 40$ y 10$ respectivamente. Ahora la empresa sólo consigue unos ingresos de 20$+40$ = 60$ con unos costes de 80$+10$ = 90$.

La mayoría de las empresas de servicios tratan de cubrir esta pérdida de ingresos utilizando "fondos de estabilización de tarifas", pero frecuentemente éstos resultan inadecuados. Entonces, piden aumentar las tarifas volumétricas, lo que enfada a los consumidores que sienten que están siendo castigados por utilizar menos agua. Precios más altos también inducen un menor consumo de agua, con lo que los ingresos disminuyen aún más. Si se repite este proceso suficientes veces verás cómo la empresa entra en una "espiral de la muerte" que termina en protestas públicas, demandas judiciales, juegos financieros y otras distracciones ajenas al servicio de dar agua potable.

¿Por qué la empresa simplemente no sube sus cuotas fijas mensuales? Esta acción ayudaría a estabilizar las finanzas, pero iría en contra de la política de la empresa de utilizar precios altos para promover la conservación del agua.

Los gestores que dependen de ingresos variables además se enfrentan a incentivos contrapuestos. Un mayor consumo les ayuda a cubrir sus gastos fijos, pero también disminuye sus reservas de agua. Una disminución en el consumo conserva el agua, pero reduce los ingresos. El director financiero se enfadará muchísimo y muy deprisa si descubre que la empresa no vende suficiente agua para pagar sus deudas. Ahora ves por qué tantas empresas de servicios dicen "conserven el agua" sin *hacer* nada que desincentive las ventas del recurso.

Estas confusas dinámicas son consecuencia de utilizar una herramienta (las tarifas del agua) para dos objetivos (cubrir costes fijos y reducir la demanda). Se pueden evitar equiparando los costes a los ingresos, y *luego* abordar la conservación. El primer paso significará aumentar las cuotas fijas de forma que los consumi-

ma que sus finanzas sean estables. Todos los consumidores deben pagar el mismo precio volumétrico para ser justos. Se puede añadir un recargo cuando el agua es escasa y sea necesario disminuir la demanda. El exceso de ingresos derivado de estos recargos puede ser devuelto a cada hogar — sin considerar su consumo de agua — para asegurar que la empresa utilice los precios más altos solamente como una medida temporal para prevenir las carencias.

Estas ideas se resumen en la página siguiente, dónde (en dos partes duplicadas) se ilustra cómo las empresas de servicios pueden establecer una tarifa para los servicios del agua que de lugar a estabilidad financiera y ambiental. La figura incluida muestra cómo se producen los costes normalmente (columna izquierda), la manera en que las tarifas son típicamente mal fijadas (columna del centro) y cómo establecer su precio correctamente (columna derecha). Las áreas sombreadas en gris muestran el impacto asimétrico sobre la conservación: un descenso del 50 % en el uso reduce los costes eingresos variables en un 50 %, pero los costes totales disminuyen en mucha menor medida que los ingresos totales porque los costes variables son una parte pequeña del total de los costes, mientras que los ingresos variables son una parte mucho mayor de los ingresos totales.

Copia, recorta y distribuye estas hojas en tu próximo cocktail con amigos. A la gente le encanta hablar de formas *realistas* de vivir con la escasez de agua.

Precios correcta estabiliza las finanzas, fomenta la conservación y previene la escasez.

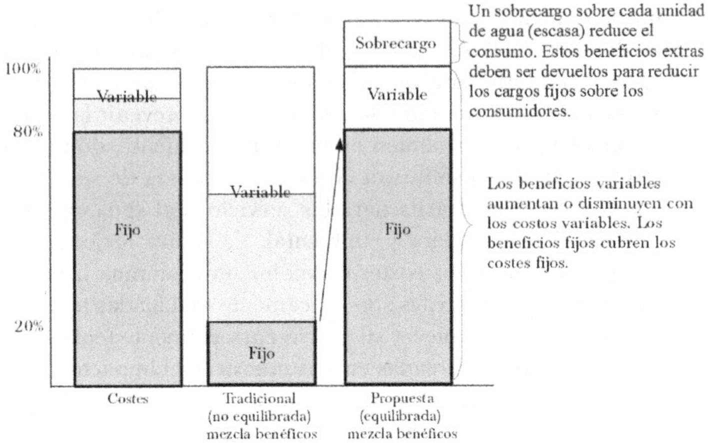

Una caída del 50 por ciento en el uso reduce los ingresos variables más que los costos variables (zonas de color gris claro) y desestabiliza las finanzas.

.... ✂ .... ✂ .... ✂ ....

Precios correcta estabiliza las finanzas, fomenta la conservación y previene la escasez.

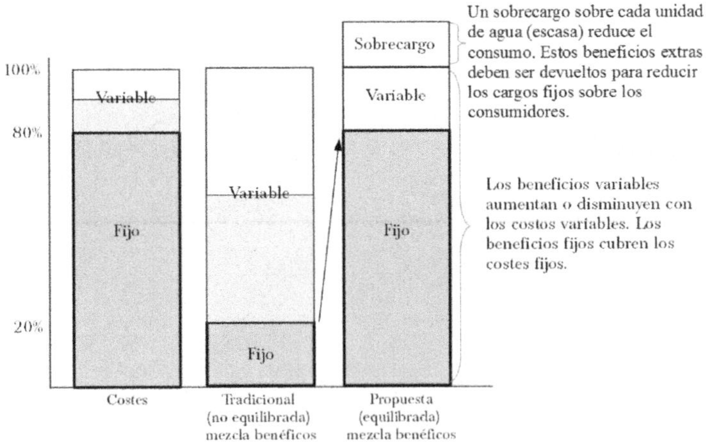

Una caída del 50 por ciento en el uso reduce los ingresos variables más que los costos variables (zonas de color gris claro) y desestabiliza las finanzas.

El acceso preferencial al agua alimenta la corrupción y la ineficiencia. Reservas agotadas no dejan agua para casos de emergencias o para el futuro. Precios más altos molestan a los negocios que aseguran que el agua barata crea empleos y a la gente que reclama un derecho a agua barata, pero precios más altos previenen carencias. Esto es relevante para los negocios que quieren seguir abiertos y para los individuos que prefieren agua del grifo a las alternativas de agua embotellada a un precio 100 veces mayor.

Sabemos que precios más altos pueden equilibran la oferta y la demanda para prevenir la falta de agua, pero ¿qué pasa con lo de agotar acuíferos y ríos? Esas fuentes pueden ser sobreexplotadas (como bienes comunes que son), pero pueden también ser transformadas en bienes privados o club. El camino del bien privado divide una cantidad conocida de agua entre quienes la demandan. Esto es lo que ocurre cuando los padres dividen una tarta entre sus hijos para prevenir líos. El camino del bien club permite a todo el mundo que merece tener acceso al agua en un grupo que establece las normas para compartirla. El libro del Génesis 29:3, por ejemplo, describe cómo un pastor podía solo abrevar su rebaño mediante el acuerdo previo con otros porque los pastores habían puesto una gran piedra en la boca del manantial que solo podía ser movida con ayuda.

Este ejemplo, que también aparece en la Torah y en el Corán, demuestra los fundamentos comunes de la gestión sostenible del agua así como la durabilidad de reglas adecuadas para las circunstancias locales. Las reglas sostenibles protegen los recursos comunales de la depredación de los individuos.

Estos ejemplos simples no son exhaustivos. Miles de regímenes operan en el mundo. Aquellos que equilibran la demanda y la oferta perduran porque promueven el uso sostenible del agua, lo que significa que permiten a tradiciones y actividades continuar indefinidamente.

Paga por la energía, paga por el agua

La industria de la energía utiliza el agua para producir y distribuir su producción. Las presas generan energía de agua que cae. El "fracking" utiliza agua para liberar petróleo y gas natural. Los biocombustibles usan agua para regar cultivos. Las granjas solares utilizan agua para mantener los espejos limpios y hacer funcionar las turbinas de vapor. Todos estos usos agotan o contaminan el agua de alguna manera. Todos ellos pueden usar más tecnología para tratar y reutilizar el agua. Incluso las presas pueden ser sustituidas por turbinas de "agua corriente" que generan electricidad sin interrumpir el flujo de agua. Estas tecnologías son caras en comparación con agua "gratis", pero sus ventajas se hacen más patentes cuando el agua escasea — un estatus cuya existencia puede depender de tu perspectiva.

Los "especialistas" del agua dicen que los desvíos "consuntivos" reducen la cantidad y calidad del agua. Definen el contrasentido de "uso no consuntivo" como un desvío temporal de agua que luego vuelve al sistema. Algunas personas afirman que los desvíos para el enfriamiento de centrales eléctricas o los embalses generados por presas son no consuntivos, pero los biólogos no están de acuerdo. Las centrales eléctricas no modifican en gran medida el volumen de agua, pero pueden devolver agua mortalmente caliente a los cursos naturales. Las presas modifican el régimen de caudales, confunden a los habitantes del ecosistema e interrumpen la evolución de la forma de los ríos (su hidromorfología).

Las presas también aumentan la evaporación reteniendo agua en embalses. El lago Nasser, el embalse en el desierto creado por la Gran Presa de Asuán, pierde aproximadamente 12 kilómetros cúbicos de agua cada año. Esta cantidad — más del 20 por ciento del suministro de agua de Egipto — representa 400 litros al día por cada egipcio. Esas pérdidas son inaceptables cuando el 40 % de los 17 millones de habitantes de El Cairo recibe suministro de agua en sus casas por menos de tres horas al día.

Además, se requiere de mucha energía para captar, tra-

CAPÍTULO 4

Agua reciclada

A poca gente le gusta oler, ver o pensar en los residuos humanos. Lo mismo ocurre con el agua sucia de fregar los platos, el agua de escorrentía de las calles y los vertidos de fábricas, granjas o vertederos.

La mayoría de nosotros considera que el agua sucia no tiene utilidad. Incluso pagamos para que se vaya por el desagüe. Pero a medida que avanza la escasez de agua, el agua residual se está convirtiendo en un valioso recurso.

Hemos reciclado el agua desde hace mucho tiempo. Las familias pobres comparten el agua de baño que cuesta mucho transportar y calentar. Los sistemas que desaguan las aguas grises del fregadero a los jardines, ahorran agua y dinero. Agricultores que sufren de hambre, utilizan las aguas grises y negras (de los sanitarios) para regar sus cultivos, porque la muerte es una amenaza mayor que la enfermedad.

Ingenieros y científicos han trabajado durante siglos para encontrar mejores formas de depurar el agua. Emplean pozos más profundos, filtros más pequeños, químicos más potentes y sensores más precisos para detectar, eliminar y neutralizar los contaminantes. El coste de eliminar estos contaminantes cae cuando la tecnología y la técnica avanzan, y sube a medida que usamos productos químicos más potentes.

La economía del agua residual está cambiando. En el pasado, era más barato extraer agua limpia, que reutilizar el

agua contaminada, pero los tiempos están cambiando. Normas más exigentes sobre calidad de agua han aumentado la inversión en tecnologías de tratamiento. El aumento de la escasez de agua dulce ha elevado el coste del agua limpia. La combinación de agua residual más limpia y menor cantidad de agua dulce, ha aumentado el atractivo de reciclar agua residual para usarla en los sistemas de agua potable.

El agua residual es hoy reciclada a gran escala en Australia, California, Israel, Singapur y otros lugares, que se enfrentan a la escasez de agua. El agua "*del baño, al tratamiento, y al grifo*" es más barata que la desalinización, porque contiene menos sales que eliminar, y las infraestructuras de conexión son más sencillas. No es necesario situarse al borde del mar, o perforar un pozo profundo en un acuífero salino. El reciclado es posible en cualquier lugar en el que la gente tire de la cadena. El único inconveniente — como cualquier miembro del lobby desalinizador te diría — es el origen, desde una cisterna, de esta agua reciclada. La buena noticia es que este "pecado" no es grave, ni único. El agua reciclada adecuadamente es muy pura. De hecho, yo la bebo.

Es interesante que la gente tienda a rechazar el agua reciclada de una tubería y al mismo tiempo crea que el agua

minantes que excedan la capacidad de las plantas de tratamiento. Instalaciones de descarga cero típicamente evaporan el agua y solidifican los residuos en una forma inerte que es más fácil de desechar de forma segura.

Regulando a múltiples contaminantes

¿Cómo mantiene uno la calidad del agua en un río que contiene escorrentías de múltiples instalaciones? Normalmente el objetivo es limitar la carga total de contaminantes, mantener los niveles de oxígeno disuelto, etc., pero asignar la carga contaminante entre quiénes descargan puede ser difícil.

Para este problema, propongo una regulación de "*no hacer daño*" que requiere que el nivel de calidad del agua, aguas abajo, debe ser igual o mayor al nivel aguas arriba. Esto puede ser implementado sin monitoreo, requiriendo a la empresa de agua de la ciudad que su toma esté aguas abajo de su emisario de aguas residuales. Dicha configuración sería cara en muchas ciudades en las que los ingenieros utilizan gravedad para mover agua de un punto de toma más arriba hasta un punto de descarga más bajo, pero un "*sistema virtual*" podría instalarse usando sensores baratos que enviarían una señal si las descargas aguas abajo están más sucias que la extracción aguas arriba.

Mercados entre los contaminadores

Otra solución permite a los grandes contaminadores intercambiar derechos de contaminación entre sí, como parte de un régimen local de derechos de emisión que fija un nivel de contaminantes total para toda o parte de la cuenca, que distribuye permisos de contaminación a quienes descargan, y que luego les permite intercambiar entre sí. Los derechos de emisión a menudo funcionan mejor que la regulación porque dan liberta, a quienes descargan, para encontrar formas más baratas de reducir su contaminación. Los contaminadores con costos de depuración bajos pueden vender los permisos que no utilizan a otros para quienes la reducción de contaminantes es cara. Los derechos de emisión requieren mediciones en los puntos de descarga y la imposición de cumplimiento para asegurar que las descargas totales permanezcan por debajo del límite fijado.

Un programa de derechos de emisión en Carolina del Norte ha incentivado a desarrolladores a restaurar un ecosistema depurador de nutrientes para que la expansión urbana no reduzca aún más la calidad del agua. Un sistema similar en el Lago Taupo de Nueva Zelanda, ha permitido a un fideicomiso local pagar a granjeros para que cambien sus prácticas y así reducir la carga de nitrógeno en una masa de agua preciado por los neozelandeses. Establecer estos programas toma tiempo y esfuerzo. Los actores involucrados pueden tardar una década en ponerse de acuerdo sobre la legislación y la forma de establecer mecanismos regulatorios — pero pueden mejorar y mantener la calidad del agua más efectivamente que la normativa.

Los políticos prefieren regalar permisos (a menudo basados en emisiones pasadas), pero un sistema de subastas generaría ingresos, en vez de dinero caído del cielo para los contaminantes. Las subastas también reducirían la contaminación rápidamente porque los contaminadores deberán pagar inmediatamente, en vez de simplemente entregar sus permisos gratis ¿A dónde deberían ir los ingresos de las subastas? Algunas personas quieren usar los ingresos para reducir otros impuestos. Los impuestos al carbono disminuyen los impuestos a la renta en Columbia Británica. Otras personas quieren que el gobierno subsidie tecnologías verdes, pero los burócratas son malos escogiendo ganadores. Los subsidios también favorecen tecnologías sobre técnicas que podrían ser más efectivas en reducir la contaminación.

Yo recomiendo usar parte de los ingresos en acabar con contaminación pasada y distribuir el resto entre la gente que vive en las áreas contaminadas. La combinación de límites, limpieza y compensación mejorará la calidad de vida de los actuales residentes y atraerá a nuevos habitantes. La "*verdificación*" resultante aumentará la población viviendo en un ambiente más limpio.

Soluciones colectivas para contaminadores invisibles

Ahora llegamos a las fuentes de contaminación difusas que a simple vista están separadas, pero que se entremezclan en el momento de determinar responsabilidad. Los campos agrícolas descargan fertilizantes y pesticidas en la superficie — y cuerpos de agua subterránea — creando "zonas muertas" en lagos y océanos. Los acuíferos pueden ser contaminados por fugas de operaciones de petróleo, gas, minas, o instalaciones agrícolas. La política usual para reducir las fuentes de contaminación difusas es regular o cobrar impuestos por fertilizantes o químicos, pero estas acciones pueden llevar a reducciones en la producción de alimentos políticamente impopulares. Las regulaciones de retención, requieren que los propietarios establecen zonas de amortiguamiento para disminuir la velocidad de la escorrentía y su fijación (estabilización) antes de que llegue a las fuentes de agua comunales. Esta regulación es fácil de hacer cumplir, pero reduce la cantidad de tierra dedicada a la producción.

Una regulación más prometedora sería imponer un régimen penal colectivo a un grupo de granjeros (o perforadores de petróleo) cuyas actividades, tomadas en conjunto, excedan los límites de contaminación. La regulación crearía un incentivo positivo al desempeño a través del establecimiento de una línea de base de la carga contaminante y calculando un depósito por cada usuario del terreno. Dicho depósito se devolvería sólo si la contaminación total permaneciera por debajo del límite. Esta regulación resuelve el problema del regulador de falta de información transfiriendo el peso del monitoreo a los propietarios que saben quién está haciendo qué. También facilita a los vecinos enseñarse entre sí en materias de cómo producir con menos contaminación.

Asegurando contra la contaminación catastrófica

Regulaciones, precios y multas funcionan cuando el costo de la contaminación puede ser incluido en el precio final de los bienes, pero ¿cómo debemos lidiar con la contaminación excepcional pero costosa? Muchas actividades mineras, de perforación y de explotación de recursos crean beneficios privados que serán sobrepasados por un accidente. El coste del accidente de la plataforma *Deepwater Horizon* y el vertido de crudo ocasionado en el Golfo de México en 2010 (en multas y compensaciones pagadas por la petrolera BP) fue cien veces mayor que el valor del petróleo perdido. Las compañías que se enfrenten con altos costos de limpieza podrían declararse en bancarrota. Las regulaciones previenen algunos accidentes, pero no todos. Un paro total de todas las actividades potencialmente contaminantes es inaceptable, con lo que tiene sentido reducir el riesgo y mitigar los daños exigiendo fianzas de accidentes o seguros.

Una fianza de desempeño ambiental es una garantía emitida por una compañía que pagará una gran cantidad de dinero al gobierno si sus operaciones producen contaminación excepcional o si la compañía no logra limpiar el área afectada. Aunque algunas compañías cumplen con los requisitos de sus fianzas, transfiriendo dinero en efectivo a una cuenta de depósito en garantía en poder de un tercero, la mayoría emite cartas de garantía que se activan solo en el caso de un accidente. Estas garantías pueden ser arriesgadas, ya que las compañías que contaminan también tienden a fallar en otros aspectos. La compañía *Freedom Industries*, por ejemplo, vertió químicos tóxicos al río que abastecía de agua a la ciudad de Charleston, en Virginia Oeste, a principios de 2014. La compañía se declaró en bancarrota cuando no pudo pagar los daños y costes de limpieza.

Los seguros funcionan repartiendo el coste de un desastre entre muchas operaciones. La aseguradora recopila las primas de muchos productores y utiliza ese dinero para limpiar cuando unos pocos tienen un accidente. Las aseguradoras de contaminación deben ser capaces de pagar por limpiezas costosas, y son cuidadosas a la hora de establecer normas y exigir informes que reduzcan su exposición al riesgo. En teoría, su experiencia y responsabilidad financiera previene emprendimientos arriesgados, pero la realidad dará un golpe si las garantías son muy bajas.

El precio de las fianzas o seguros debe reflejar el coste de limpiar completamente un vertido o un área afectada, ocupándose de la gente herida, y compensando por las muertes ocasionadas. El precio será alto cuando el operador tenga una mala reputación o el proyecto tenga muchos riesgos, pero ese es el tema. Los gobiernos que liberan a los operadores de tener que pagar garantías adecuadas solo transfieren el riesgo a sus contribuyentes. Peor aún, también transfieren responsabilidad a un gobierno que puede no estar capacitado para hacer frente a desastres. Odio pensar en cuánto más crudo podría haberse vertido si el equipo del gobierno de los Estados Unidos a cargo de responder después del Huracán Katrina, hubiera sido enviado para ocuparse del derrame del *Deepwater Horizon.*

Los contratos de seguro o fianzas podrían no funcionar si es necesario asignar culpa entre múltiples compañías. Descifrar quién paga qué, podría llevar más tiempo que limpiar la zona afectada. Los contratos deben designar un pagador por defecto para minimizar retrasos y daños. Esa aseguradora puede buscar copagos, una vez la limpieza haya comenzado.

Cada una de estas cuestiones está presente en Alberta, Canadá, donde compañías utilizan mucha agua para extraer crudo de los masivos depósitos de arenas con alquitrán. El gobierno provincial de Alberta exige que las compañías paguen fianzas de desempeño contra el costo de limpieza una vez hayan completado las operaciones, pero el gobierno permite a las compañías garantizar esos costes pagando cuotas durante la operación. Esto significa que los costes de limpieza no están cubiertos hasta que los proyectos han sido completados. Nunca se ha cerrado un proyecto, y sólo una laguna de residuos (*Suncor Pond 1*) ha sido restaurada. Sus aguas contaminadas fueron transferidas a la laguna contigua.

El optimismo de la provincia no es un accidente. No se exige a las compañías que paguen fianzas o compren seguros contra la contaminación que ocurre durante sus operaciones. Se asume que las compañías son capaces de limpiar sus vertidos y compensar a las víctimas, y más aún, que lo harán.

Esa suposición fue justificada con el vertido de *Deepwater Horizon*, ya que BP fue capaz de recaudar 40 mil millones de dólares en compensaciones, pero el caso de BP fue afortunado (de una forma perversa). Los fallos como las de la compañía *Freedom Industries* son más comunes. No debemos dar el beneficio de la duda, cuando la contaminación puede desembocar en un daño masivo a la gente y a los ecosistemas. Las compañías deben elegir entre asegurar completamente sus riesgos o dejar de operar.

Agua limpia por la que vale pagar

Mejor tecnología, un deseo social de proteger el medioambiente, y la creciente escasez de agua dulce aumentan el beneficio de reciclar aguas residuales. Los usuarios residenciales deben pagar por el coste de depurar el agua residual y las escorrentías urbanas contaminadas en proporción a su uso de agua potable. El coste de sistemas de agua pluvial debe ser recuperado cobrando a los propietarios que permiten escurrir el agua fuera de sus propiedades. La contaminación industrial y agrícola puede ser reducida a través de regulación, mercados de derecho de emisión, responsabilidad colectiva, o seguros contra vertidos peligrosos. Escoge cualquier política que quieras, siempre y cuando proteja a la gente inocente y al medioambiente.

CAPÍTULO 5

Alimentos y agua

Los agricultores necesitan agua barata para protegernos del alimento del extranjero de dudosa calidad, mantener las raíces rurales de nuestra cultura y alimentar a miles de millones de personas, ¿verdad?

Realmente, no. La mayoría de los agricultores en los países desarrollados son personas de negocio que proveen alimento de calidad al mejor postor. Los pequeños agricultores suelen mantener vínculos estrechos con su comunidad, pero los grandes agricultores comerciales mantienen una relación más estrecha con sus hojas de cálculo que con la lechuga en tu ensalada.

La diferencia entre la idea romántica y la realidad no es tan grande para agricultores en los países en vías de desarrollo, pero su realidad probablemente dé un giro trágico por el efecto de la mala gestión de las cadenas de suministro, los burócratas corruptos y la distorsión de los mercados.

Todo agricultor transforma agua en dinero, y éstos — usuarios del 70–80% de los recursos hídricos en la mayoría de los países — sufren grandes pérdidas cuando el agua falta. Esa gran dependencia explica por qué los agricultores se quejan cuando no reciben suficiente agua, por qué están en constante conflicto con las ciudades, los grupos ecologistas e incluso entre ellos mismos, y por qué hacen lobby por aplicar de forma laxa las reglas que "amenazan la seguridad alimentaria."

No voy a discutir acerca de estas quejas, sino que voy a resolverlas con la recomendación más poderosa e importante de todo este libro: los agricultores deben comprar y vender el agua para riego en mercados, si se quiere salvar a las comunidades rurales, maximizar la producción de alimentos y mejorar la gestión del agua en otros sectores.

Esta recomendación no significa que todas las comunidades rurales prosperarán. Algunas triunfarán y otras fracasarán. Tampoco significa que los alimentos serán baratos en todas partes. Algunas personas tendrán que pagar más. No significa que todas las demandas agrícolas y medioambientales podrán ser atendidas. Algunos agricultores y ríos dejarán de tener suficiente agua. Mi recomendación busca maximizar los beneficios privados y sociales que sacamos del agua. No niega los hechos, pero sí trata de mejorarlos.

El derecho al agua escasa

La revolución agrícola comenzó hace unos 10.000 años, cuando la gente vio que era posible cultivar más alimentos cuando se plantaban y regaban las semillas. Esta revolución dio otro gran paso cuando los agricultores dedujeron la manera de extraer agua de los ríos, lagos y acuíferos subterráneos. Las mejoras en las técnicas de riego y la tecnología trajeron más agua en los momentos adecuados, dando lugar a mayores aumentos en las cosechas.

El regadío requiere terreno y agua, así como infraestructuras que conecten las dos variables. Las infraestructuras para riego han sido históricamente costosas y difíciles de construir para la humanidad, pero los avances tecnológicos han hecho que sea más fácil regar casi en cualquier parte del planeta. El problema ahora es que no hay suficiente agua para llenar todas estas presas y canales.

Su escasez ha aumentado el valor del agua, pero las decisiones de gestión de los recursos hídricos generalmente obvian este hecho. Las comunidades de regantes, las asociaciones de usuarios del agua y otras entidades, cobran a los agricultores un "precio del agua" que cubre algunos costes pero subvenciona otros. Los subsidios enriquecen a los

viduos o grupos. La primera, distribuyendo estos derechos de acuerdo con criterios políticos como *"el primero que llega, se lo lleva," "dar prioridad a grupos especiales," "igualdad para todos"*, o algún otro factor. Una distribución económica adjudicaría los derechos a aquellos que paguen más por ellos. Una vez adjudicados, los derechos pueden ser redistribuidos de muchas maneras. La forma más común es intercambiarlos por dinero, pero entre vecinos se puede, por ejemplo, intercambiar "agua en el presente por agua en el futuro."

Daros cuenta que los mercados de agua — a diferencia de los mercados del petróleo — serán mercados locales por el elevado coste de trasportarla. Un barril de petróleo de 42 galones (160 litros) vale en torno a 100$. La misma cantidad de agua para agricultura vale mucho menos que un centavo de dólar. Los precios locales del agua dependerán de la demanda de los agricultores y otros usuarios, del clima y otros muchos factores.

Paremos un momento para hacer tres aclaraciones importantes. Los derechos de agua son normalmente adjudicados en un proceso político, y reasignados después bajo un criterio económico. La distribución política de estos derechos puede dar lugar a beneficios "*caídos del cielo*" para algunos actores involucrados que han pagado muy poco o nada por adquirir sus valiosos derechos. La redistribución bajo criterios económicos traslada el agua a usos "mejores y más elevados" en términos de valor monetario. Este binomio político-económico significa que el agua puede ser adjudicada en función de fuerzas políticas en una primera fase y después redistribuida económicamente para mejorar su eficiencia.

Otro criterio importante a tener en cuenta es la forma en que se especifican los derechos. Un derecho permanente le da a su propietario el derecho a recibir una asignación (o cantidad) anual de agua que varía de año en año. Estas asignaciones pueden ser utilizadas o intercambiadas. El precio de un derecho es normalmente mayor que el precio de una asignación de la misma forma que el coste de comprar una casa es mayor que el coste de alquilarla. Por esta razón, los precios de los derechos de agua fluctúan ampliamente ya que su valor depende de las predicciones a largo plazo de la oferta de agua, de las decisiones políticas, de las protestas de los vecinos, etc.

Las asignaciones pueden no llegar con la misma regularidad. Antiguos derechos permanentes con asignaciones anuales regulares valen más que derechos adquiridos recientemente que pueden quedarse "secos" en años de sequía. Los participantes en los mercados del agua en la cuenca de Murray-Darling en Australia a veces ven cómo los precios de las asignaciones suben por encima del precio de los derechos. Los derechos adquiridos recientemente y "secos" no valen mucho cuando los agricultores necesitan "asignaciones con agua" ahora.

La aclaración final es la más importante, ya que es la que debe decidirse primero; ¿Cuánto agua puede asignarse? Esta pregunta esencial ha sido frecuentemente ignorada. Muchos ríos han sido explotados hasta el punto de agotar sus Caudales ecológicos. Otros ríos son tan *sobre-explotados* que algunos de los derechos de agua asignados nunca podrán ser satisfechos. Este resultado de locos es la resaca de un pasado en el que los políticos repartían derechos sin tener en cuenta los límites físicos. Su miopía puede reflejar la compra de votos hoy a cambio de derechos en el futuro, pero también es consecuencia de la creencia de que el agua era malgastada si se vertía al mar.

Las decisiones de los políticos en el pasado complican los esfuerzos necesarios para restaurar el régimen de Caudales ecológicos en el presente. Los gobiernos se han encontrado con el hecho de que anular o recomprar los derechos adjudicados es un proceso lento, costoso y controvertido. Incluso el término "derecho" complica la cuestión en los países donde los derechos de propiedad (sin importar la manera en que fueron adquiridos) son sagrados. Los gobiernos que se enfrentan a cortes de suministro frecuentemente clasifican de forma distinta sus derechos como "licencias" o "concesiones", cuya validez expira pasado un cierto plazo, para facilitar la integración de los cambios necesarios en la oferta,

pero he llegado a la conclusión que la forma más adecuada para gestionar diversas demandas de agua es la subasta en grupo con un precio único. Este diseño tiene dos ventajas. En primer lugar, sustituye la verdad, la ficción y las conjeturas por una puja. En segundo lugar, facilita asignar unidades de agua de un pool central (o grupo de derechos), propiedad de las autoridades públicas u otro proveedor de agua, a varios postores.

La subasta en grupo con precio único permite que cada participante haga distintas ofertas. Aquellas más altas ganan las unidades de agua, pero todos pagan el mismo precio por unidad que está basado en el precio más alto ofertado por la más alta de las ofertas perdedoras. Esta es la forma en que funcionan las ofertas en eBay; el ofertante ganador consigue el artículo, pero paga el precio basado en la segunda oferta más alta.

Digamos, por ejemplo, que 20 personas hacen 131 ofertas por 80 unidades de agua. Las ofertas se ordenan de mayor a menor, las 80 ofertas más altas ganan, y las 51 restantes pierden. Los ofertantes ganadores pagan al subastador el mismo precio por cada unidad de agua, que se basa en la oferta número 81 (la más alta de las ofertas perdedoras). Los ofertantes también pagan el coste de la entrega del agua.

Una modificación de esta subasta de un sólo vendedor nos permite redistribuir agua entre muchos otros propietarios de derechos de agua en vigor. Estas subastas son mucho más complejas porque los vendedores se aproximan al mercado con objetivos y opiniones diferentes. Algunos propietarios de derechos puede que no quieran vender — o que no sepan si quieren vender. Su falta de participación disminuye los beneficios de la subasta ya que limita el volumen de agua disponible para vender. Otros propietarios que ponen un valor más elevado a su agua que sí fueran ellos los compradores, puede que no la vendan. La falta de participación y la sobre-valoración impiden intercambios útiles. Estos efectos pueden ser evitados forzando a los propietarios a participar, pero la imposición es incompatible con el concepto de mercados voluntarios.

Hace algunos años diseñé un mercado forzado que no fue un oxímoron. Una subasta *All-in* (cuyas siglas en inglés son AiA) pone todos los derechos (o asignaciones) de agua en un grupo y permite a los participantes elegibles ofertar por esta agua en una subasta a precio único. La innovación clave es que las ganancias de la AiA son repartidas entre aquellos cuyos derechos han sido subastados. La AiA transfiere agua a aquellos que la valoran más sin violar los derechos de los propietarios, ya que ellos mismos pueden pujar por "su propia agua" si quieren conservarla. Cualquier propietario puede hacer una contraoferta a un multimillonario por su agua porque el pago le vuelve a él mismo. Un agricultor, por ejemplo, puede ofertar 1.000$ por su agua. Si alguien más ofrece 1.200$, entonces el agricultor puede vender su agua por este precio o hacer una contraoferta de 1.500$ sabiendo que el precio que paga para ganar la oferta se equipara con el precio que recibe si vende, y por tanto le deja con su agua y sin cambios en su presupuesto.

Las subastas tipo AiAs deben diseñarse de acuerdo con las circunstancias locales. Los propietarios de derechos son los que deciden quiénes pueden hacer las ofertas. Los agricultores, por su parte, pueden vender sus derechos a oferentes externos (por ejemplo, una ciudad, una organización ambiental, una comunidad de regantes, etc.), pero estas ventas deben ser limitadas hasta que todo el mundo comprenda el impacto del dinero exterior y los trasvases de recursos hídricos.

¿Cómo funcionaría este tipo de AiA? Pongamos que Juan,

Parte II

Agua para *nosotros*

¿Quién asume la culpa?

Un regulador es responsable de instar a un monopolio a rendir de forma adecuada, pero algunos reguladores son haraganes, corruptos o cautivos de las industrias a las que se supone que deben vigilar. Los reguladores informan a los políticos, pero los políticos vacilarán a la hora de intervenir en las enredadas relaciones entre los bancos poseedores de la deuda, los defensores de los consumidores, los sindicatos y otras partes interesadas. La regulación funciona bien cuando los objetivos y las acciones son fáciles de supervisar, pero los reguladores no pueden saber cómo un gestor puede o debe actuar.

Los gestores de agua obtienen resultados dentro de una compleja red de decisiones sobre personal, obligaciones regulatorias y exigencias de los consumidores. Los gestores pueden escoger beneficiarse a sí mismos o satisfacer a los consumidores, pero desde fuera puede que nunca se sepa cuál fue su elección. Es difícil comparar monopolios "únicos" en base a su rendimiento. Los gestores pueden entender exactamente qué es lo que ocurre y tomar decisiones enfocadas en sí mismos, o entender muy poco la situación antes de tomar una decisión orientada al consumidor. Los consumidores se disgustan cuando una tubería se rompe, pero no sabrán si se ha roto por mala suerte o mala gestión.

He estado observando a gestores de agua durante diez años. He visto fallos en el servicio, incrementos en los precios y conflictos sobre escasez de agua. Me resulta difícil saber si los gestores están haciendo todo lo que pueden en estos casos, pero me preocupa aún más cuando los fallos no tienen consecuencias. La Autoridad del Valle Tennessee, por ejemplo, vertió efluentes tóxicos a un río y destruyó hogares en 2008. ¿Cómo pagaron los gestores de agua la cifra de 1.300 millones de dólares en indemnizaciones y costes de limpieza? Subieron los precios del agua a los consumidores.

Los profesionales proveen servicio

Estos ejemplos pueden romperte el corazón y la cartera, pero salen en las noticias porque son excepcionales. Muchos de nosotros debemos estar agradecidos de tener a gestores de agua profesionales quienes proveen un buen servicio bajo la supervisión de reguladores diligentes. Debemos estar agradecidos cuando nuestros conciudadanos participan en audiencias públicas en busca de aclaraciones cuando las políticas van en contra de los intereses de la comunidad. Podemos estar contentos de ver informes públicos comparando nuestra empresa de agua local con otras similares en términos de costes, calidad y fiabilidad del servicio que nos ayudan a relacionar los gastos con los resultados obtenidos.

Este estado de felicidad es una realidad en algunos países como Holanda en los que las compañías de agua, de forma voluntaria, hacen un ranking de su excelente desempeño, pero es una fantasía en otros. La ausencia de estadísticas básicas no indica falta de información. Los gestores conocen sus operaciones. Los consumidores no saben lo que pasa porque los gestores y reguladores decidieron evitarles la molestia del conocimiento. O quizás no quieren a consumidores entrometiéndose, haciendo preguntas que les fuercen a trabajar más.

La competencia genera servicio

El primer camino hacia un buen servicio de agua pasa por un gestor que sea un profesional motivado. El segundo camino es una estructura de incentivos que recompense o castigue a los gestores, por alcanzar o no los objetivos de los consumidores. Los gestores que se enfrenten a verdade-

CAPÍTULO 7

Un derecho humano al agua

En el Capítulo 2, repasamos los conceptos económicos básicos del servicio de las empresas de agua que se preocupan mayoritariamente de gravar a los clientes lo suficiente como para cubrir los costes del servicio a largo plazo, mantener los subsidios entre usuarios en un mínimo y reflejar la escasez de agua. Ese análisis asumía que los gestores quieren hacer su trabajo y que los clientes pueden pagar por el servicio de agua, pero ambas condiciones no siempre se dan. Este capítulo analiza las opciones en ausencia de voluntad o de dinero.

Las personas que aseguran que el derecho humano al agua traerá agua a los más pobres frecuentemente olvidan que se requiere de un gobierno en funcionamiento — y un subsidio por parte de la gente rica — para producir el resultado esperado. El comité de la Naciones Unidas para los Derechos Económicos, Sociales y Culturales, por ejemplo, establece que los gobiernos "*deben demostrar que han tomado las medidas necesarias y factibles para garantizar el ejercicio del derecho al agua... el no actuar de buena fe para tomar tales medidas constituye una violación del derecho.*" Estas palabras destacan el necesario papel de los gobiernos en dar servicios de agua basados en derechos humanos; pero también da una idea clara de que la gente más pobre necesitará encontrar un camino alternativo para tener estos servicios, si el gobierno no está interesado en sus derechos.

En el capítulo anterior, analizamos cómo los gestores y los políticos pueden servirse a sí mismos en lugar de al público en general. La falta de servicios de agua para mucha gente pobre en el mundo se origina en la indiferencia de estos "líderes" hacía su pueblo. Llegué a esta conclusión tras analizar dos grupos de países en vías de desarrollo. En el primer grupo de 17 países, los gobiernos habían prometido un derecho humano al agua, derecho que no existía en el segundo grupo de países con cifras de ingreso per cápita similares. Comparé ambos grupos para ver si el acceso a los servicios de agua se incrementaba a un ritmo mayor en el primero de los grupos (con derechos de acceso al agua) que en el segundo (sin derechos de acceso al agua). No había ninguna diferencia.

Este resultado no es demasiado sorprendente. Los derechos sólo conducen a resultados cuando los gobiernos son honestos. Los gobiernos deshonestos, por otra parte, no se preocupan en absoluto de los derechos humanos, las promesas legales asumidas o las quejas de sus ciudadanos. Un gobierno honrado se asegurará de que los ciudadanos tengan agua de buena cualidad porque la gente no quiere enfermar o morir. El servicio de agua no depende de los derechos; proviene de un gobierno que hace un seguimiento de la calidad del agua, que controla el poder de los monopolios, etc.

La buena gobernanza (falta de corrupción) diferencia a los países civilizados de sus disfuncionales vecinos en apuros. He comprobado esta teoría comparando la calidad de la gobernanza del acceso al agua en 162 países. La fuerte y positiva correlación entre un gobierno honrado y un servicio de agua de calidad nos permite concluir que ambos factores suelen ir de la mano.

Esta perspectiva puede ayudarnos a mejorar los servicios de agua para la gente más pobre, enmarcando la discusión en términos de dinero y gobernanza en lugar de en términos de derechos. La gente rica con un buen gobierno tendrá servicios de agua, mientras que la gente pobre con gobiernos

como analizamos en el Capítulo 5. Un registro de derechos de agua y terrenos ayudaría a los pobres y a los honrados. Los registros públicos transparentes ayudarían a la gente a ver hacia dónde fluye el dinero y el agua. Los registros ayudarían a los pobres y a la nación, reduciendo el robo y la incertidumbre que inhibe la productividad y el desarrollo.

Este consejo, por cierto, es aplicable a muchos países ricos donde la escasez de agua es un problema nuevo. Debemos saber quién utiliza el agua (cuánto, dónde y en qué momento) si queremos destinarla a usos beneficiosos.

De los derechos humanos a los derechos de propiedad

De forma osada he proclamado que la gente pobre está dispuesta y es capaz de pagar por un buen servicio del agua pero, ¿y si son demasiado pobres? Sí, sabemos que se les puede dar dinero, pero estas prestaciones frecuentemente están mal enfocadas. También molestan a los contribuyentes a quienes no les importan los "perdedores." Podría ser más fácil dar dinero a los pobres si esto representara un retorno a su capital.

Un registro del agua puede ser definido para ayudar a la gente pobre, dando a cada ciudadano una parte de la riqueza hídrica de la nación, que diera además una parte de los royalties pagados por aquellos que utilizan el agua para beber, regar, etc. Estos pagos serían relativamente pequeños para algunos ciudadanos, pero desproporcionadamente grandes para la gente pobre.

Un esbozo bruto de este sistema sería el siguiente. Los ciudadanos no recolectan o gestionan su parte del agua. Gobiernos comunales, regionales o nacionales gestionan el agua en nombre de los ciudadanos. El nivel al que gestionan estos gobiernos esta agua dependerá de la cuenca hídrica, pero este nivel también determinará las prioridades sociales de los usos del agua en dicha cuenca.

Los ciudadanos estarán involucrados en la transparencia, la eficiencia y la responsabilidad de estas operaciones.

La discusión y el voto acerca del reparto social y privado del agua atraerán atención. Algunas cuencas pueden decidir reservar más agua para el medio ambiente y vender menos agua a los usuarios. Después de reservar el agua para usos sociales, los gestores venderán el agua como *commodity* y distribuirán los beneficios entre los ciudadanos. Como siempre, será necesario hacer un seguimiento de los volúmenes retornados y los desvíos, especialmente si el agua abandona los límites geográficos y administrativos de la cuenca hídrica. Las tarifas y el reparto cambiarán en función de las estaciones, las prioridades sociales y otros factores influyentes en la demanda y la oferta del agua. En zonas áridas, por ejemplo, no habrá mucha agua disponible para vender pero los precios serán altos cuando la demanda sea también grande.

Este sistema puede ser utilizado en cualquier país donde el agua sea un bien de dominio público. El sistema puede ser usado de forma inmediata en lugares donde los derechos privados del agua no existan, aunque también puede sustituir derechos y repartos existentes que resulten inadecuados. Esta idea es compatible con otros derechos del agua (discutidos en el Capítulo 5) porque se enfoca en pagos a los propietarios más que el reparto entre distintos usos, pero algunas diferencias deberán ser negociadas (¿Se debe pagar a la gente que obtuvo derechos de agua gratuitos? ¿Se deben transferir los derechos por 5 o 50 años?) La escasez de agua requiere pensar de forma creativa y optar por soluciones flexibles.

Las distribuciones del agua basadas en los mercados incrementarán la eficiencia, tal y como lo han hecho en la cuenca de Murray-Darling en Australia. Los precios distribuirán el agua hacia los usos importantes y facilitarán las mejoras complementarias. Los dividendos obtenidos ayudarán a la población a pagar por el servicio de agua. Estos pagos ayudarán a las empresas de agua a mejorar la fiabilidad de sus sistemas.

Los agricultores a pequeña escala tendrán que comprar su agua, pero a cambio recibirán un dividendo por su parte del agua (en forma de derechos) y la oportunidad de com-

las decisiones sobre infraestructuras que afectarán a nuestras elecciones, nuestro bolsillo y nuestro comportamiento durante mucho tiempo.

El "dinero de otra gente" ... y el agua

La primera vez que escuché "el dinero de otra gente" fue cuando alguien describía el proyecto del Valle Central de California (sus siglas en inglés son CVP) para recoger agua en grandes presas en el norte y distribuirla a través de un vasta red de canales a los agricultores del centro y sur de California. La Oficina de Rehabilitación comenzó el CVP en la década de 1930, y extendió su uso durante más de 4 décadas. El CVP fue diseñado para aumentar los ingresos de los agricultores, pero aparentemente este incremento fue demasiado pequeño. Los agricultores no han sido capaces de devolver a los contribuyentes lo prestado durante todo este tiempo.

Los detalles de este despilfarro son reveladores. A los agricultores se les concedió un plazo de 50 años para devolver los costes de capital, libres de intereses. Este pequeño regalo resultó ser enorme ya que el interés alcanzaba una buena suma a lo largo de las décadas; 100$ en 1940 alcanzaba un valor de en torno a 900$ en 1990, y los agricultores tenían que pagar las deudas de 1940 con dinero de 1990 — pero no lo hicieron (mira abajo). Este subsidio masivo no fue un accidente. Encaja dentro de una política instaurada durante mucho tiempo que subvenciona a los agricultores. Esa política explica por qué los agricultores recibieron crédito por los beneficios de las ventas de energía hidroeléctrica del CVP cuando tuvieron "problemas" para pagar los costes de operación del propio CVP. Explica cómo se les perdonó pagar cuando los costes eran aún "prohibitivos."

Estos subsidios "de titulares de prensa" vinieron acompañados de coloridos y dolorosos detalles. El CVP incrementó el consumo de agua trayendo agua a lugares secos a precios subvencionados. Estos desvíos de agua tuvieron terribles impactos ambientales ya que los ingenieros del CVP no integraron estos impactos sobre los ecosistemas en sus cálculos. Las últimas risas vinieron desde el Congreso, quien dio a los agricultores otros 50 años para pagar los costes de capital, pero por lo que parece tampoco llegarán a la fecha límite del 2030. La "otra gente" que pagó por este proyecto en 1930 nunca volvió a ver su dinero. Sus tataranietos sólo han visto 20 centavos de cada (depreciado) dólar devuelto. Los agricultores, entretanto, se han beneficiado de agua barata durante 75 años hasta ahora, y continuarán haciéndolo en un futuro cercano. No todos estos beneficios van destinados a fines egoístas. Muchos agricultores "devuelven algo" a sus amigos políticos.

¡Pero espera! ¿Qué pasa con la posición de California como el mayor productor agrícola de Estados Unidos? ¿Qué hay de la enorme contribución de la agricultura a la economía de California? ¿Qué pasa con las almendras, el vino y las exportaciones de queso de California? Pongamos estos hechos en perspectiva.

En primer lugar, los agricultores de California han instalado sus campos sobre ecosistemas que habrían beneficiado a más ciudadanos. En segundo lugar, la agricultura consume en torno al 80 % del agua del estado de California, para producir tan sólo un 3 % de su resultado económico, con el 5 % de las personas con empleo. Finalmente, recuerda que los subsidios benefician a los agricultores con conexión, más que a los agricultores hábiles (con buenas prácticas).

El caso es que ese "dinero de otra gente" y el agua barata no hacen a California un lugar mejor sino que incrementa los beneficios de aquellos con conexiones políticas. Peor aún es el hecho de que los subsidios impiden que buenos agricultores comunitarios reemplacen a malos agricultores corporativos. Este resultado da lugar a agua desperdiciada, alimentos caros, trabajos abusivos y comunidades en deterioro. ¿Es posible revertir esta situación y redirigir el camino de California hacia una senda económica, social y medioambiental sostenible? Sí es posible, pero este cambio de dirección será complicado. Las reformas no sólo tendrán que sobreponerse al poder político y financiero de los agricultores privilegiados. Deben además reformar las burocracias y reconfigurar

diques nos defenderán frente a las avenidas. Construimos embalses asumiendo que las lluvias lo llenarán. Algunas de estas asunciones estaban equivocadas, y se perdieron vidas humanas, propiedades e ingentes cantidades de dinero. El cambio climático incrementará la tasa de fallo de las asunciones pasadas y el sufrimiento de la gente que depende de una infraestructura demasiado débil para resistir los embates de la naturaleza. Desde 2012, la "*supertormenta Sandy*" ha golpeado la costa este de Norte América, ha inundado Brisbane, Calgary y muchas ciudades de Europa central; y el tifón Haiyan ha devastado Filipinas. Estos fenómenos extremos serán cada vez más habituales y sus daños más dolorosos para la población. Tenemos que reducir nuestra exposición a estos riesgos.

La naturaleza es más fuerte que nosotros. De verdad

El *Homo sapiens* es una especie poderosa e ingeniosa que domina los ecosistemas del mundo, pero podemos volvernos un poco arrogantes. Una vez ocurrido un desastre, los líderes prometen superar a la naturaleza y enseñarle quién manda aquí, pero esta no es una posición inteligente frente a un adversario que ni siquiera sabe que existes. Necesitamos salvarnos a nosotros mismos, y nuestra salvación depende de que cambiemos nuestra actitud frente a un clima cada vez más extraño y peligroso. Necesitamos preparar nuestras entidades, instituciones e infraestructuras para hacer frente al cambio climático.

Algunas personas piden una estrategia "gris" para resistir, en la que las ciudades son protegidas por barreras y abastecidas por complejas máquinas como plantas desalinizadoras alimentadas por energía nuclear. Otros, piden una estrategia "verde" que utilice las infraestructuras naturales para defendernos y mantener los asentamientos humanos a un coste menor.

Ejemplos de infraestructuras verdes van desde zonas de aparcamiento con superficies porosas para incrementar la recarga de las aguas subterráneas y reducir los fallos de los sistemas de alcantarillado; hasta humedales que amortiguan y protegen a las comunidades costeras de las grandes olas provocadas por tormentas tropicales y huracanes. Este camino "verde" utiliza "energía natural" que mueve tierra y agua a lugares que pueden soportar los impactos de las sequías, las inundaciones o el fuerte oleaje. Los holandeses, por ejemplo, han reconstruido sus playas apilando la arena en un punto determinado y permitiendo que la acción del oleaje la redistribuya.

La infraestructura "verde" aporta los mismos beneficios que la infraestructura "gris" pero con mayor eficiencia, lo que es útil cuando el cambio climático nos fuerza a hacer más con menos. La eficiencia también ayuda a las comunidades que necesitan pagar por su propia protección. Una fortaleza "gris" necesita un montón de inversiones antes de poder tener la seguridad buscada. Y esta seguridad desaparecerá cuando un cambio en las corrientes naturales transforme una enorme masa de cemento en un elefante blanco.

El Cuerpo de Ingenieros de Estados Unidos se gasta miles de millones de dólares "defendiendo" a las ciudades en Florida de las inundaciones, tan sólo para darse cuenta que los canales, los embalses y los diques, solo permiten a la gente ponerse en riesgo. El cuerpo de ingenieros ha fracasado (y gastado) de forma notable revirtiendo los daños y reduciendo los riesgos, por lo que es difícil encontrar a alguien que siga siendo optimista acerca del futuro de Florida. La parte sur de este Estado probablemente será la primera de Estados

Los políticos frecuentemente se benefician del conflicto

Los políticos corruptos pueden desviar agua para sus amigos, pero los peores políticos son aquellos que alimentan la confrontación para llamar la atención y ejercer presión. Estos políticos, por ejemplo, pueden "escuchar" a los agricultores y a los ecologistas pelearse por el agua de un río durante años. El conflicto trae consigo dinero, poder y suplicas a los políticos. La resolución les fuerza a enfrentar nuevos problemas, dinámicas extrañas y personalidades desconocidas.

La política muchas veces es calificada como un juego de suma cero, porque los políticos toman los recursos de algunos para dárselos a otros, pero las peores intervenciones políticas desperdician mucho más tiempo, sangre y dinero y ambas partes resultan perdedoras. Estos juegos de suma negativa pueden despilfarrar particularmente los recursos hídricos, porque los costes del conflicto normalmente exceden el valor del agua en disputa. Un equipo de académicos israelíes, jordanos y palestinos, en 2005, estimó en la publicación *Activos Líquidos*, que "*el valor del agua en disputa entre los Israelíes y los Palestinos es considerablemente menor a 100 millones de dólares al año*;" dicha cifra es muy pequeña en comparación con el coste de la política de Israel de maximizar sus extracciones del río Jordan y de la microgestión del "agua palestina" en la Orilla Oeste. En 2014, los Estados Unidos darán a Israel más de 3 mil millones de dólares en ayudas militares, incluyendo una partida de 200 millones en defensas antimisiles diseñadas para proteger a los israelitas de los enfadados palestinos.

Este ejemplo además es excepcional. Los conflictos en torno al agua son sorprendentemente excepcionales en comparación con los conflictos en torno al petróleo, los diamantes o los territorios. Israel, Jordania y Palestina cooperan en otros muchos aspectos de la gestión regional del agua. Los académicos están de acuerdo en que el agua compartida facilitaría las relaciones diplomáticas entre las partes, aunque discrepan en el hecho de si el agua es la que provoca el conflicto, o si el conflicto del agua es reflejo de otros profundos antagonismos. No vamos a resolver esta importante cuestión aquí y ahora, pero este ejemplo nos ayuda a reflexionar acerca de por qué no merece la pena pelear por el agua. La primera razón es porque el valor del agua es demasiado bajo en comparación con el coste de transportarla. El vencedor en una guerra del agua no puede hacer dinero rápido vendiéndola o llevándosela a casa como en el caso de los diamantes o de las obras de arte. La segunda razón es que el agua puede echarse a perder si una de las partes en disputa se siente humillada. Es mucho más fácil contaminar grandes cantidades de agua que estropear las mismas cantidades de petróleo. La tercera razón es que a nivel local las variables corrientes de agua normalmente se comparten durante décadas e incluso siglos. Las relaciones financieras y sociales frecuentemente preceden y sustituyen a las fronteras nacionalistas y a la retórica de políticos distantes. Los locales no se unirán a "su lado" si el conflicto les perjudica.

Defiende al país, no a unos pocos

Los políticos corruptos se sirven a sí mismos, pero ¿qué pasa con los políticos que defienden los recursos hídricos de la nación de los extranjeros? Los políticos egipcios han amenazado en repetidas ocasiones a los países aguas arriba que bloquean o desvían agua del río Nilo. Las amenazas impiden la convivencia pacífica, los negocios y la inmigración; pudiendo incluso llegar a dar lugar a enfrentamientos violentos. Desde luego éstas dificultan las mejoras en la gestión del agua o el negociar de forma justa. Muchos ciudadanos instan a sus políticos a maximizar los desvíos de agua para usos propios y a minimizar la calidad de las aguas que fluyen fuera de sus fronteras. Es posible que no vean como su visión puede volverse en su contra. Digamos, por ejemplo, que un río discurre desde México a los Estados Unidos, y que en algunas ocasiones trae agua de dudosa calidad o en menor cuantía a la deseada. Sería típico de los norteamericanos pedir al gobierno federal en Washington D.C. que presionara

ambiente y sus inconveniencias. El aire acondicionado y los canales ayudan a millones de personas a vivir en los áridos y cálidos desiertos. Las máquinas nos ayudan a estar más cómodos en nuestras casas con calefacción (o refrigeradas), oficinas y centros comerciales. Sabemos que estas invenciones cuestan dinero y energía, pero ahora empezamos a ser conscientes de otros costes relevantes adicionales.

El creciente y acumulativo impacto de las actividades humanas en las condiciones planetarias ha conducido a los científicos a declarar el comienzo de una nueva era: el Antropoceno. Aparte de la pérdida de biodiversidad, la novedad más importante que estamos presenciando en esta nuestra era es el rápido cambio climático, causado principalmente por convertir las fuentes de carbón fósil en CO2 y otros gases de efecto invernadero (GEI). En los últimos tiempos ha habido mucho revuelo acerca de las formas de mitigar el cambio climático a través de la reducción de las emisiones de GEI pero, en realidad, no existe signo alguno de reducciones significativas en el planeta en este sentido. Esta es la razón por la que el discurso ha virado hacia la adaptación a los impactos del cambio climático los cuales, por cierto, se manifestarán en su mayoría a través de su efecto sobre el ciclo del agua.

El papel central del agua en el cambio climático es claro cuando te das cuenta que el ciclo global del agua depende básicamente del régimen térmico y sus diferencias latitudinales entre los húmedos y cálidos trópicos, y los fríos y secos polos. Estas corrientes térmicas globales en la atmósfera producen la nieve, la lluvia, las tormentas, los huracanes y otros fenómenos meteorológicos que afectan a nuestras vidas. El cambio climático incrementa la tasa de intercambio térmico porque ahora hay más calor que desplazar que antes y, por tanto, las corrientes térmicas son más fuertes. Esto da lugar a un ciclo del agua más intenso y a un tiempo más impredecible. El cambio climático traerá consigo tormentas más fuertes, sequías más largas, variaciones de temperatura mayores, estaciones del año inusualmente largas (o cortas), así como otros cambios en los ecosistemas (y sistemas humanos) que no han tenido lugar desde hace mucho tiempo, si acaso tuvieron lugar alguna vez.

Los seres humanos han influido y manejado las corrientes de agua — usando presas y canales — desde hace miles de años. La Revolución Industrial aumentó el ritmo de estos cambios con la llegada de la maquinaria y la energía, lo que nos permitió usar el agua cuándo y dónde quisimos. Redujimos el régimen de Caudales ecológicos a través de las extracciones, desviamos el agua influyendo en el paisaje y retrasamos su avance a través de las infraestructuras. Nuestras acciones individuales pudieron parecer razonables en su momento, pero sus impactos acumulativos empezaron a afectar de repente a los sistemas naturales que considerábamos inmutables. El cambio climático está imponiendo una dictadura similar, salvo que en este caso no estamos al mando. Ahora los humanos debemos ser humildes, si queremos sobrevivir.

Los ríos y los humedales benefician a los seres humanos

Decenas de millones de personas dependen del río Colorado para tener agua, pero ahora el río está "muerto" desde una perspectiva ecológica. Las aguas desviadas, represadas, sobreexplotadas y contaminadas del río Colorado ni siquiera alcanzan el Golfo de California. ¿Cómo saldrá adelante la gente cuando el cambio climático reduzca la nieve que alimenta el río y aumenten las temperaturas que evaporarán el poco agua que quede? Algunas personas proponen soluciones del lado de la oferta, como desviar agua de los "excedentes" de otros ríos para rellenar el lisiado y desecado río Colorado, o bien, utilizar las plantas desalinizadoras alimentadas con energía nuclear para dar servicio a las ciudades y a los agricultores. Sin embargo, estas acciones no hacen nada por los ecosistemas fluviales y muy poco por vigilar las demandas que probablemente se encarguen de extinguir las nuevas reservas obtenidas.

A lo largo de todo el mundo, ríos como el Nilo, el Me-

que sea así en los editoriales, en las protestas de los lobbies y en otros debates políticos, pero no en el mundo de los negocios. A los hombres de negocios — agricultores, gestores del agua y empresas — les encanta el agua gratis, pero pueden encontrar formas de trabajar con menos agua. La escasez de agua en Texas ha llevado a que las compañías de petróleo y de gas reciclen el agua que utilizan en su producción.

Menos significa más

Nuestra negación de los hechos en el pasado ha dañado el medioambiente a nivel global y local. Ahora tenemos que proteger nuestros ecosistemas dependientes del agua y restaurar el régimen de Caudales ecológicos. Un medioambiente sano, con ecosistemas funcionales, da lugar a un aire y a un agua más limpios, nos proporciona alimentos y placer, así como nos protege de las variaciones en la temperatura, en las corrientes de agua y en la meteorología. El cambio climático hace de estos beneficios, aún si cabe, más valiosos.

líderes compasivos y escuchar con empatía, razones por las que son puestas al mando de departamentos de personal, marketing y (cada vez más) finanzas. Sería fantástico si pudiéramos introducir una ética del trabajo más inclusiva, en un sector dominado fuertemente por los hombres, cuya capacidad de comunicación es limitada, y cuyas operaciones afectan a nuestras vidas cotidianas y sociedades en tantas formas distintas.

Bien, volvamos a los agradecimientos. Un buen número de los que respaldaban el libro, me mandaron sus comentarios, sus ideas y sus impresiones. Su ayuda me hizo trabajar al menos un mes más, pero todas sus sugerencias mejoraron el libro (espero). Adicionalmente me gustaría dar las gracias a Alberto Garrido, Chris Brooks, Damian B. Park, David Verlee, Guido Schmidt, Guillermo Donoso, Joshua Abbot, Merton D. Frinkler, Michael van der Valk, Ralph Pentland, Ties Rijcken y a Tim Shah.

No gano mucho dinero escribiendo libros y desde luego nada escribiendo mi blog. En los últimos años me he nombrado a mí mismo como "un intelectual público" — un título doloroso y pretencioso que simplemente significa que discuto en pos de un interés público, y además, en público. Haciendo esto, he dejado atrás el camino de un intelectual académico cuyos trabajos tienden a enterrarse bajo muchas líneas en oscuras publicaciones, pero cuyos ingresos son frecuentemente financiados por gobiernos y universidades. Afortunadamente conseguí una plaza financiada por la Unión Europea en la Universidad de Wageningen, en los Países Bajos. Este salario me ha permitido dedicar buena parte de mi tiempo libre a bloguear, a las audiencias políticas, a los periodistas y demás. (También he conseguido algunos contratos de consultoría y apariciones en público para dar seminarios, los cuales tienen la doble virtud de estar bien pagados y de permitirme exponerme a nuevas dimensiones de los problemas del agua).

Después de trasladarnos a Vancouver empecé a dar clases como profesor en la Universidad Simon Fraser, con lo que aún continúo paseando por este camino poco conocido.

Realmente me siento muy agradecido de que estos ingresos me permitan comunicarme con el público en cuestiones relacionadas con el agua sin tener que servir bebidas para ganar dinero.

Tres personas me han ayudado con la parte artística. Nico, mi compañero escocés, hizo la edición de la portada y del aspecto del libro. Mi padre me hizo la foto a mí (solía hacer reportajes profesionales. Ahora me hace parecer guapo a mí). Yo hice la fotografía de la portada, para la que os dejo libertad para decidir vosotros mismos lo que significa. Allison Choppick hizo las geniales ilustraciones. Espero que os gusten tanto como a mí.

Mis últimas palabras de gratitud son para Rob Morow y para Cornelia Dinca. Rob y yo llevamos mucho tiempo "charlando sobre cosas del agua", y además es un buen amigo. Me complace enormemente que me haya ayudado con los comentarios del último borrador. Cornelia es mi chica. Ella es muy ingeniosa, lo que me convierte en un tipo enormemente afortunado, y me ha dado un *feedback* genial y mucha claridad en la última versión borrador. Tan sólo si pudiera convencerla de que empezara a escribir ese blog…

Dedique mi primer libro a mi madre, quien me enseño a "aprender, a hacer preguntas, aceptar los errores y a cómo luchar por lo que creo" Estas palabras son todavía ciertas y cada vez tienen más valor para mí. Sé que mucha gente lo esta pasando mal en su vida. Yo he sido afortunado por haber podido escoger y por haber tenido una perspectiva que me ha ayudado a disfrutar de la vida. Mi madre fue quien me puso en se camino.

Mi padre merece cierta parte del crédito en esto. Los padres con los hijos, creo, pueden tener relaciones complicadas. A nosotros nos ha llevado un tiempo asentarnos, pero he aprendido a separar la sabiduría de la paja en los actos y en las palabras de mi padre. Me ha dado un origen exótico, un apellido único, algún regalo en forma de pequeña charla, y cierto encanto heredado. Mi padre ha trabajado para él mismo toda mi vida (y más allá). Esta ética del auto-empleo, la variedad de gente que la práctica, y la forma en que se recuperan me ha ayudado a tirar para adelante cuando los tiempos fueron duros y el apoyo débil. Lo mejor de mi padre es su filosofía de vida, la cual le ha servido durante más de 80 años, y después de un reciente cuádruple bypass. Espero que disfrute este libro — o al menos que lea esta última parte. Estoy feliz por poder culparle por muchas experiencias divertidas e interesantes.

También él me ha enseñado un montón de cosas sobre como trabajar mis ideas, apoyando a la gente con la que no estás de acuerdo, y de cómo centrarse en los objetivos comunes. No vendes mil casas sin saber cómo estar en desacuerdo de forma respetuosa, sin buscar opciones creativas y sin escuchar distintas perspectivas. Algunas personas ven los acuerdos como sacrificios — diciendo que están ganando menos dinero del que merecen, o gastando más de lo que debieran. He aprendido de mi padre que es mejor centrarse en por qué un acuerdo es bueno para las dos partes, que preocuparse de ver como sacar mayor partido uno mismo. El mundo sería un lugar mucho mejor si más personas se centraran en las posibilidades positivas que se presentan frente a ellos.

Made in the USA
Monee, IL
04 November 2026

67379637R00085